re **wenskaarten**
greeting cards

NIEUWE VOUWTECHNIEK
~
NEW FOLDING-TECHNIQUE

Maruscha Gaasenbeek

FORTE UITGEVERS | FORTE PUBLISHERS

Inhoud *Contents*

ISBN 90 5877 674 3
NUR 475

This is a publication from
Forte Publishers BV
P.O. Box 1394
3500 BJ Utrecht
The Netherlands

For more information about the creative books available from Forte Uitgevers:
www.fortepublishers.com

Final editing: Gina Kors-Lambers, Steenwijk, the Netherlands
Photography and digital image editing: Fotografie Gerhard Witteveen, Apeldoorn, the Netherlands
Cover and inner design:
BADE creatieve communicatie, Baarn, the Netherlands
Translation: Michael Ford, TextCase, Hilversum, the Netherlands

Voorwoord *Preface*

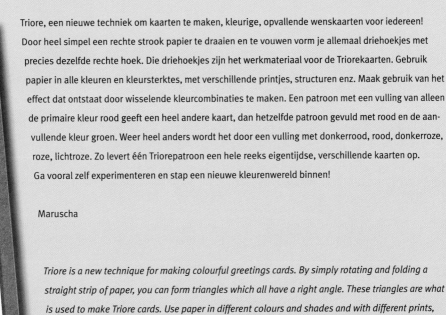

Triore, een nieuwe techniek om kaarten te maken, kleurige, opvallende wenskaarten voor iedereen! Door heel simpel een rechte strook papier te draaien en te vouwen vorm je allemaal driehoekjes met precies dezelfde rechte hoek. Die driehoekjes zijn het werkmateriaal voor de Triorekaarten. Gebruik papier in alle kleuren en kleursterktes, met verschillende printjes, structuren enz. Maak gebruik van het effect dat ontstaat door wisselende kleurcombinaties te maken. Een patroon met een vulling van alleen de primaire kleur rood geeft een heel andere kaart, dan hetzelfde patroon gevuld met rood en de aanvullende kleur groen. Weer heel anders wordt het door een vulling met donkerrood, rood, donkerroze, roze, lichtroze. Zo levert één Triorepatroon een hele reeks eigentijdse, verschillende kaarten op. Ga vooral zelf experimenteren en stap een nieuwe kleurenwereld binnen!

Maruscha

Triore is a new technique for making colourful greetings cards. By simply rotating and folding a straight strip of paper, you can form triangles which all have a right angle. These triangles are what is used to make Triore cards. Use paper in different colours and shades and with different prints, structures, etc. Use the effect which is created by using different colour combinations. A pattern which is filled using only the primary colour red produces a completely different card to one which is filled with red and its complementary colour green. A pattern which is filled with dark red, red, dark pink, pink and pale pink produces yet another, completely different effect. One Triore pattern can be used to produce a large number of different modern cards. Experiment with the technique yourself and enter into a new world of colour!

Maruscha

Technieken *Techniques*

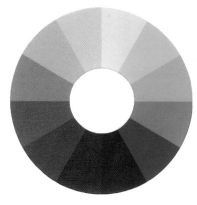

De werkwijze

Kies een patroon. Snijd de omtrek uit de achterkant van je kaart. Bevestig het patroon op je snijmat. Leg de kaart met de goede kant over het patroon en plak hem links met tape vast. Kies gekleurd papier en snijd het in de aangegeven breedtes. Neem de eerste strook, vouw de punt 45 graden omlaag naar de onderkant van de strook. Pak de rest van de strook vast en vouw hem terug omlaag precies tegen de eerste lijn (zie stap voor stap). Een mooi puntje is het resultaat. Vorm zo alle benodigde driehoekjes. Voor halve driehoeken, knip je een hele doormidden. Leg de eerste driehoekjes op de vakjes 1. Plak vast op de kaart met stukjes gewoon plakband. Neem de volgende kleur driehoekjes en leg ze op de vakjes 2, soms over, soms naast de eersten. Volg de *plakvolgorde*, dit is de volgorde waarin de vakjes bedekt moeten worden, tot alle driehoekjes op zijn. Sluit midden met de laatste driehoeken of met het stukje afdekpapier. Je werkt, net als bij IRISvouwen, aan de achterkant van je kaart. Nadat alles is gevuld, draai je je kaart om en plakt hem op kaartkarton in een afstekende kleur.

De kleurencirkel

De kleurencirkel geeft je de mogelijkheid met kleuren te gaan experimenteren en nieuwe vormen te ontdekken. Elk patroon in dit boekje is op twee manieren gevuld om zo verschillende kaarten te krijgen. Dit effect ontstaat door het kleurgebruik. Als de basiskleur verwerkt wordt in naast elkaar liggende tonen, dus met meer of minder wit, krijg je een ton-sur-ton resultaat. Dit heet een ééenkleurige harmonie. Gebruik je in hetzelfde patroon de basiskleur samen met de recht er tegenoverliggende kleur dan is het resultaat totaal anders en wordt complementaire harmonie genoemd. Maak je een combinatie van drie kleuren, die op de kleurencirkel direct naast elkaar liggen dan ontstaat weer iets nieuws (analoge harmonie).
De kleurencirkel is een fantastisch hulpmiddel om geweldige combinaties te kunnen maken. Verras jezelf, kies origineel en creëer je eigen kleurstijl!

Het startpatroon

(zie pag. 7 rechtsonder en kaart Blauw op pag. 8)

De voorbereiding

1. Snijd 8 x 5 cm uit de witte kaart van 12,5 x 8,3 cm en pons de hoeken.
2. Zet een kopie van patroon 1 uit dit boekje met tape vast op je snijmat.
3. Leg de kaart er omgekeerd op (je kijkt dus naar de achterkant) met het gat precies op het patroon en zet hem vast op je snijmat met links twee stukjes schilderstape.
4. Kies vier verschillende vellen blauw papier. Voor de kaart op blz. 6 rechtsonder zijn gebruikt: origami donkerblauw en korenblauw, IRISvouwpapier lichtblauw en ijskristal.
5. Snijd van drie vellen papier stroken met breedte: 2 cm donkerblauw, 2,5 cm lichtblauw en ijskristal. Snijd van korenblauw papier het afdekvel van 9 x 4 cm.
6. Vorm van elke strook driehoeken met de gekleurde kant naar buiten. Voor deze kaart zijn dat: 2x hele en 4x halve driehoek donkerblauw, 4x hele driehoek lichtblauw en 2x hele en 4x halve driehoek ijskristal.

Het vullen van het patroon

7. De plakvolgorde op de vakjes is: 1 donkerblauw, 2 lichtblauw, 4 ijskristal (dus de vakjes 3 niet!).
8. Dus bedek de vakjes 1 met halve en hele donkerblauwe driehoeken en plak ze telkens links en rechts op de kaart vast met een klein stukje plakband.

9. Bedek de vakjes 2 met de lichtblauwe driehoeken. Knip eventueel overtollig papier weg.
10. Bedek de vakjes 4 met halve en hele driehoeken van ijskristal en plak ook vast.
11. Dek alles af met het korenblauwe vel.

De afwerking

Maak de kaart los. Bevestig dubbelzijdig plakband langs de randen van de kaart. Verwijder de beschermstrip en plak de kaart eerst op blauw kaartkarton en daarna op een dubbele donkerblauwe kaart. Gebruik geen lijm, want door de dikte van alle driehoekjes staat er spanning op de kaart.

Let op, belangrijk: twee cijfers verbonden door een + betekent: samen één driehoek; twee cijfers verbonden door het woordje 'en' betekent: twee aparte driehoeken met dezelfde kleur!

The method

Choose a pattern. Cut the circumference out of the back of the card and tape the pattern to your cutting mat. Place the good side of the card over the pattern and use tape to stick down the left-hand side of the card. Choose some coloured paper and cut it into strips of the width indicated. Take the top right-hand corner, pull it towards you and fold it 45 degrees. Next, take the bottom right-hand corner, pull it upwards and fold it 45 degrees against the first line (see Step-by-step). This will produce an attractive triangle. Make all the triangles in the same way. To make a half triangle, you simply cut a whole triangle through the middle. Place the triangles of the first colour on the sections numbered 1 and use adhesive tape to stick them on the card. Take the triangles of the next colour and place them on the sections numbered 2. Some of the triangles will be on the first colour and some will be next to the first colour. Follow the sticking order - this is *the order in which the sections must be covered - until all the triangles have been used. Use the last triangles or a piece of covering paper to cover up the opening in the middle. You work on the back of the card, just as you do with Iris folding.*

Once everything has been filled, turn the card over and stick it on card of a contrasting colour.

The colour wheel

The colour wheel allows you to experiment with colours and to discover new shapes. Each pattern in this book has been filled in two different ways to make different cards. The different effects are created by the use of colours. If the basic colour is used with adjacent tints, which means a colour with more or less white, then this creates a ton-sur-ton effect. This is called monochromatic harmony. If you use the basic colour and the colour opposite on the wheel in the same pattern, then the result is totally different. This is called complementary harmony. If you use a combination of three colours which are located next to each other on the colour wheel, then you create something completely different again (analogous harmony). The colour wheel is a fantastic aid for creating wonderful colour combinations. Surprise yourself, be original and create your own colour style.

The basic pattern

(See the card in the bottom right-hand corner of page 7 and the Blue *card on page 8.)*

Preparation

1. *Cut a rectangle (8 x 5 cm) out of the white card and punch the corners.*
2. *Use adhesive tape to stick a copy of pattern 1 on your cutting mat.*
3. Place the card upside down on it (you will be looking at the back of the card) with the rectangular hole exactly on the pattern and use two pieces of masking tape to stick down the left-hand side.
4. Select four different shades of blue paper. Dark blue and cornflower blue origami paper and pale blue and ice-crystal Iris folding paper have been used for the card in the bottom right-hand corner of page 6.
5. Cut 2 cm wide strips of dark blue paper and 2.5 wide cm strips of pale blue and ice-crystal paper. Cut a covering sheet (9 x 4 cm) from the cornflower blue paper.

6. Use the strips of paper to make triangles with the coloured side on the outside. For this card, 2 whole and 4 half dark blue triangles, 4 whole pale blue triangles and 2 whole and 4 half ice-crystal triangles have been used.

Filling the pattern

7. The sticking order for the sections is dark blue (section 1), pale blue (section 2) and ice-crystal (section 4) (therefore, do not fill section 3!).
8. In other words, cover the sections numbered 1 with whole and half dark blue triangles using a small piece of adhesive tape to stick the left and right-hand sides on the card.
9. Cover the sections numbered 2 with the pale blue triangles and cut away any excess paper.

10. Cover the sections numbered 4 with whole and half ice-crystal triangles and stick them on the card.
11. Use the cornflower blue paper to cover everything.

Finishing

Remove the card from your mat. Stick double-sided adhesive tape along the edges of the card, remove the protective strip and stick the card first on blue card and then on a dark blue double card. Do not use glue, because the thickness of the triangles will place too much pressure on the card.

Note: If two numbered sections are joined by a + sign, then they are covered by one triangle. If two numbered sections are joined by the word and, then two separate triangles of the same colour are used.

Gebruikte materialen *Materials*

- Kaartkarton: Canson Mi-Teintes (C), cArt-us (cA),Papicolor (P)
- Origamipapier met nummers (bij O-E)
- IRISvouwpapier (IVpapier)
- Vellum (Pergamano International)
- snijmesje, snijmat
- liniaal met metalen snijrand (Securit)
- dubbelzijdig plakband
- hoekponsen en hoekscharen
- potlood
- schaar
- lichtbak

- *Card: Canson Mi-Teintes (C), cArt-us (cA) and Papicolor (P)*
- *Origami paper with numbers (from Ori-Express)*
- *Iris folding paper (IF paper)*
- *Vellum (Pergamano International)*
- *Knife and cutting mat*
- *Ruler with a metal cutting edge (Securit)*
- *Double-sided adhesive tape*
- *Corner punches and corner scissors*
- *Pencil*
- *Scissors*
- *Light box*

Volg voor alle kaarten de werkwijze van het startpatroon (zie Technieken).

All the cards are made according to the instructions given for the basic pattern (see Techniques).

Stap voor stap *Step-by-step*

1. Dol op driehoeken!
1. Lots of triangles.

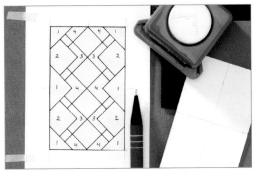

2. Snijd de rechthoek uit de achterkant van de witte kaart en maak de kaart omgekeerd op de kopie van het patroon vast.
2. Cut the rectangle out of the back of the white card and stick the card upside down on a copy of the pattern.

3. Snijd het gekozen papier in stroken en vorm er hele en halve driehoeken van.
3. Cut the chosen paper into strips and use these strips to make whole and half triangles.

4. Bedek elk vak met een driehoekje en plak deze met plakband vast.
4. Cover each section with a triangle and use adhesive tape to stick down the sides.

Blauw en geel *Blue and yellow*

Blauw *Blue*

Benodigdheden

Karton 14,8 x 21 cm donkerblauw cA417, 13,5 x 9 cm donkerblauw P06 en 12,5 x 8,3 cm wit • Patroon 1 • Stroken papier
met breedte: origami 2 cm donkerblauw (11025), IVpapier
2,5 cm lichtblauw en ijskristal • 9 x 4 cm papier korenblauw
• Hoekpons Speer

What you need

*Card: dark blue cA417 (14.8 x 21 cm), dark blue P06 (13.5 x
9 cm) and white (12.5 x 8.3 cm) • Pattern 1 • Strips of paper:
2 cm dark blue origami paper (11025) and 2.5 cm pale blue
IF paper and ice-crystal IF paper • Cornflower blue paper
(9 x 4 cm) • Corner punch: Spear*

Werkwijze

1. Pons de hoeken en snijd de rechthoek van 8 x 5 cm uit
   de witte kaart. Vorm de hele en halve driehoeken.
2. De plakvolgorde is 1 donkerblauw, 2 lichtblauw,
   4 ijskristal (dus vak 3 niet).
3. Dek af met korenblauw papier.
4. Plak het geheel op de enkele kaart en daarna op het
   dubbele kaartkarton.

Instructions

1. *Punch the corners and cut a rectangle (8 x 5 cm) out of
   the white card. Fold the whole and half triangles.*
2. *Stick the dark blue triangles on section 1, the pale blue
   triangles on section 2 and the ice-crystal triangles on
   section 4 (therefore, nothing on section 3).*
3. *Cover it with the cornflower blue paper.*
4. *Stick everything on the single card and then stick this
   on the double card.*

Oranje *Orange*

Benodigdheden

Karton 14,8 x 21 cm wit, 12,5 x 9 cm oranje P11 en 13,5 x 8,5 cm
koningsblauw P136 • Patroon 1 • Stroken papier met breedte: origami 2,5 cm jeansblauw (12054), 2 cm en 2,5 cm oranje (13004) en
IVpapier 2 cm lichtblauw • 9 x 3 cm origami blauw met stip (13013)

What you need

*Card: white (14.8 x 21 cm), orange P11 (12.5 x 9 cm) and royal blue
P136 (13.5 x 8.5 cm) • Pattern 1 • Strips of paper: 2.5 cm denim blue
origami paper (12054), 2 cm and 2.5 cm orange paper (13004) and
2 cm pale blue IF paper • Blue origami paper with dots (13013)
(9 x 3 cm)*

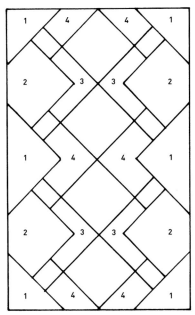

Werkwijze

1. Snijd de rechthoek van 8 x 5 cm uit de blauwe kaart.
2. Vorm de driehoeken: 4x jeansblauw, 2x hele en 4x halve
   oranje smal, 4x oranje breed en 2x hele en 4x halve lichtblauw.
3. De plakvolgorde is 1 oranje smal, 2 jeansblauw, 3 oranje
   breed, 4 lichtblauw.
4. Dek af met blauw papier met stip.

Instructions

1. *Cut a rectangle (8 x 5 cm) out of the blue card.*
2. *Fold the following triangles: 4 whole denim blue,
   2 whole orange (2 cm), 4 half orange (2 cm), 4 whole
   orange (2.5 cm), 2 whole pale blue and 4 half pale blue.*
3. *Stick the narrow orange triangles on section 1, the denim
   blue triangles on section 2, the wide orange triangles on
   section 3 and the pale blue triangles on section 4.*
4. *Cover it with the blue paper with dots.*

Patroon 1
Pattern 1

Geel *Yellow*

Werkwijze

1. Pons de hoeken en snijd een cirkel Ø 8 cm uit de witte kaart.
2. Vorm de driehoeken: 4x van elke kleur.
3. De plakvolgorde is 1 geel Kratz, 2+3 donkergeel, 4+5 felgeel.
4. Dek af met de hartjes.

Instructions

1. *Punch the corners and cut a circle (Ø 8 cm) out of the white card.*
2. *Fold 4 triangles of each colour.*
3. *Stick the Kratz yellow triangles on section 1, the dark yellow triangles on section 2+3 and the bright yellow triangles on section 4+5.*
4. *Cover it with the vanilla paper with hearts.*

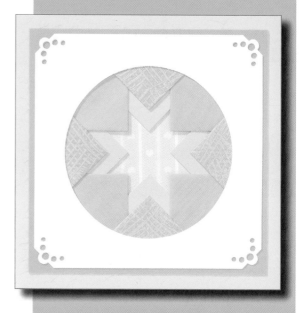

Benodigdheden

Karton 13 x 26 cm zonnebloem P134, 11,5 x 11,5 cm donkergeel cA245 en 11 x 11 cm wit • Patroon 2 • Stroken papier met breedte: origami 2,5 cm geel Kratz (12121), 3 cm donkergeel (11025), en 3 cm felgeel (13004) • 5 x 5 cm vanille met hartjes (13039) • Multihoekpons

What you need

Card: sunflower P134 (13 x 26 cm), dark yellow cA245 (11.5 x 11.5 cm) and white (11 x 11 cm) • Pattern 2 • Strips of paper: 2.5 cm Kratz yellow origami paper (12121), 3 cm dark yellow (11025) and 3 cm bright yellow (13004) • Vanilla paper with hearts (13039) (5 x 5 cm) • Multi corner punch

Paars *Purple*

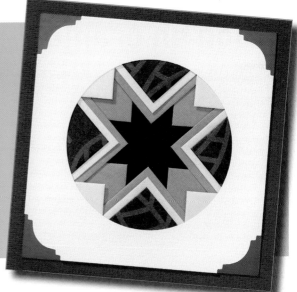

Benodigdheden

Karton 13 x 26 cm paars P46, 11,5 x 11,5 cm spiegel paars P124, 11,5 x 11,5 cm lichtgeel P29 • Patroon 2 • Stroken papier met breedte: origami 2 cm en 3,5 cm geel (13045), 3 cm en 3,5 cm lila (13004) en IVpapier 2,5 cm paars • 5 x 5 cm paars (11008) • Hoekschaar Regal

What you need

Card: purple P46 (13 x 26 cm), mirrored purple P124 (11.5 x 11.5 cm) and pale yellow P29 (11.5 x 11.5 cm) • Pattern 2 • Strips of paper: 2 cm and 3.5 cm yellow origami paper (13045), 3 cm and 3.5 cm lilac (13004) and 2.5 cm purple IF paper • Purple (11008) (5 x 5 cm) • Corner scissors: Regal

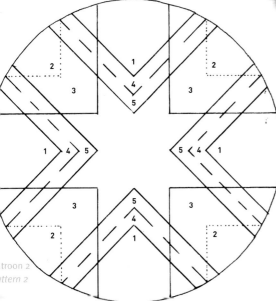

troon 2
ttern 2

Werkwijze

1. Knip de hoeken van de gele kaart en snijd een cirkel Ø 8 cm uit.
2. Vorm de driehoeken: 4x geel smal, 4x geel breed, 4x lila smal, 4x lila breed, 4x paars.
3. De plakvolgorde is: 1 paars, 2 geel smal, 4 geel breed, 5 lila breed, 3 lila smal.
4. Dek af met paars origami.

Instructions

1. *Cut the corners of the yellow card and cut a circle (Ø 8 cm) out of the card.*
2. *Fold the following triangles: 4 yellow (2 cm), 4 yellow (3.5 cm), 4 lilac (3 cm), 4 lilac (3.5 cm) and 4 purple.*
3. *Stick the purple triangles on section 1, the narrow yellow triangles on section 2, the wide yellow triangles on section 4, the wide lilac triangles on section 5 and the narrow lilac triangles on section 3.*
4. *Cover it with the purple origami paper.*

Rood en oranje *Red and orange*

Rood *Red*

Benodigdheden

Karton 14,8 x 21 cm en 10,5 x 9 cm wit, 13,2 x 9,6 cm donker-rood cA519 en 11,5 x 9,3 cm oudrood cA517 • Patroon 3
• Stroken papier met breedte: origami 2 cm jeansrood (12054), 2,5 cm helderrood (11008) en 3 cm roze met streep (13039)
• 6 x 7 cm donkerrood papier (11008) • Multihoekpons

What you need

Card: white (14.8 x 21 cm and 10.5 x 9 cm), dark red cA519 (13.2 x 9.6 cm) and old red cA517 (11.5 x 9.3 cm) • Pattern 3
• Strips of paper: 2 cm denim red origami paper (12054), 2.5 cm bright red (11008) and 3 cm pink with stripes (13039)
• Dark red paper (11008) (6 x 7 cm) • Multi corner punch

Werkwijze

1. Pons de hoeken en snijd 6 x 6 cm uit de witte kaart.
2. Vorm de driehoeken: 6x jeansrood, 6x helderrood, 2x streep.
3. De plakvolgorde is 1 en 1a jeansrood, 2 en 2a helderrood, 3 streep.
4. Dek af met donkerrood.

Instructions

1. *Punch the corners and cut a square (6 x 6 cm) out of the white card.*
2. *Fold the following triangles: 6 denim red, 6 bright red and 2 striped.*
3. *Stick the denim red triangles on section 1 and 1a, the bright red triangles on section 2 and 2a and the striped triangles on section 3.*
4. *Cover it with the dark red paper.*

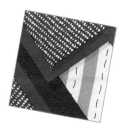

Groen *Green*

Werkwijze

1. Pons de hoeken en snijd 6 x 6 cm uit de donkergroene kaart.
2. Vorm de driehoeken: 4x lichtgroen smal, 2x lichtgroen breed, 6x donkergroen en 2x streep.
3. De plakvolgorde is 1 lichtgroen smal, 1a streep, 2 donkergroen smal, 2a lichtgroen breed, 3 donkergroen breed.
4. Dek alles af met het streeppapier.

Instructions

1. *Punch the corners and cut a square (6 x 6 cm) out of the dark green card.*
2. *Fold the following triangles: 4 pale green (2 cm), 2 pale green (2.5 cm), 6 dark green (2.5 cm or 3 cm) and 2 striped.*
3. *Stick the pale green triangles (2 cm) on section 1, the striped triangles on section 1a, the dark green triangles (2.5 cm) on section 2, the pale green triangles (2.5 cm) on section 2a and the dark green triangles (3 cm) on section 3.*
4. *Cover it with the striped paper.*

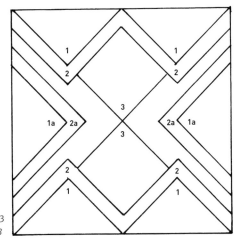

troon 3
ttern 3

Benodigdheden

Karton 14,8 x 21 cm grasgroen P07 en 10,5 x 9 cm kerstgroen P18 • Origami 11,5 x 9 cm streeppapier (13031) • Patroon 3 • Stroken papier met breedte: origami 2 cm en 2,5 cm lichtgroen (13004), 2,5 cm en 3 cm donkergroen (13032) en 2 cm streep (13031) • Multihoekpons

What you need

Card: grass green P07 (14.8 x 21 cm) and Christmas green P18 (10.5 x 9 cm) • Striped origami paper (13031) (11.5 x 9 cm) • Pattern 3 • Strips of paper: 2 cm and 2.5 cm pale green origami paper (13004), 2.5 cm and 3 cm dark green (13032) and 2 cm striped (13031) • Multi corner punch

Wit *White*

Benodigdheden
Karton 14,8 x 21 cm steenrood P35, 14,8 x 8,2 cm mango, 14,8 x 7,6 cm oranje cA545 en 14,8 x 7 cm wit • Patroon 4 • Stroken papier met breedte: origami 2 cm mango, 2,5 cm bruin, oranje en wit (allemaal 11008) • 2,5 x 10 cm mango

What you need
Card: brick red P35 (14.8 x 21 cm), mango (14.8 x 8.2 cm), orange cA545 (14.8 x 7.6 cm) and white (14.8 x 7 cm)
• Pattern 4 • Strips of paper: 2 cm mango origami paper, 2.5 cm brown, 2.5 cm orange and 2.5 cm white (all 11008)
• Mango (2.5 x 10 cm)

Werkwijze
1. Snijd 9 x 3 cm uit de witte kaart.
2. Vorm de driehoeken: 3x van elke kleur.
3. De plakvolgorde is vanaf de linkerkant:
   1 mango, 2 bruin, 3 oranje, 4 wit.
4. Dek af met 10 x 2,5 cm mango.

Instructions
1. *Cut a rectangle (9 x 3 cm) out of the white card.*
2. *Fold three triangles of each colour.*
3. *From the left-hand side, stick the mango triangles on section 1, the brown triangles on section 2, the orange triangles on section 3 and the white triangles on section 4.*
4. *Cover it with the mango paper (2.5 x 10 cm).*

Oranje
Orange

Werkwijze
1. Snijd 9 x 3 cm uit de witte kaart.
2. Vorm de driehoeken: 6x geel, 6x bruin, 6x oranje.
3. De plakvolgorde is: links 1 geel en rechts 2 geel;
   links 2 bruin en rechts 1 bruin; links 3 oranje en
   rechts 5 oranje.
4. Dek af met 2 x 10 cm wit. Snijd 9 x 3 cm uit het vellum en
   plak als laatste op de witte kaart vast.

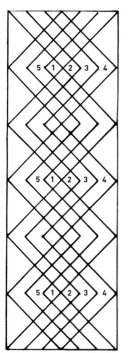

Instructions
1. *Cut a rectangle (9 x 3 cm) out of the white card.*
2. *Fold the following triangles: 6 yellow, 6 brown and 6 orange.*
3. *Stick the yellow triangles on section 1 (left) and section 2 (right), the brown triangles on section 2 (left) and section 1 (right) and the orange triangles on section 3 (left) and section 5 (right).*
4. *Cover it with the white paper (2 x 10 cm). Cut a rectangle (9 x 3 cm) out of the vellum and stick the vellum on the white card.*

Patroon 4
Pattern 4

Benodigdheden
Karton 14,8 x 21 cm oranje cA545, 14,8 x 9 cm wit,
14,8 x 7 cm oker cA575 • 14,8 x 8 cm vellum Paisley
oranje • Patroon 4 • Stroken papier met breedte:
origami 2 cm geel, 2,5 cm van bruin en oranje (11008)
• 2 x 10 cm wit

What you need
*Card: orange cA545 (14.8 x 21 cm), white (14.8x 9 cm)
and ochre cA575 (14.8 x 7 cm) • Paisley orange vellum
(14.8 x 8 cm) • Pattern 4 • Strips of paper: 2 cm yellow
origami paper, 2.5 cm brown and 2.5 cm orange (11008)
• White paper (2 x 10 cm)*

Blauw en lime *Blue and lime*

Blauw met groen
Blue and green

Benodigdheden

Karton 13 x 26 cm blauw, 11,3 x 11,3 cm groen en 11 x 11 cm wit • Patroon 5 (blz. 32) • Stroken papier met breedte: 2 cm groen (13032), 2,5 cm en 3 cm lichtblauw (13045) en envelop 5 cm donkerblauw (Kamerbeek) • 5 x 5 cm origami blauw-groen (12012)

What you need

Card: blue (13 x 26 cm), green (11.3 x 11.3 cm) and white (11 x 11 cm) • Pattern 5 (page 32) • Strips of paper: 2 cm green (13032), 2.5 cm and 3 cm pale blue (13045) and 5 cm dark blue • Blue green origami paper (12012) (5 x 5 cm)

Werkwijze

1. Snijd 8 x 8 cm uit de witte kaart.
2. Vorm de driehoeken: 4x groen, 4x lichtblauw smal en 4x lichtblauw breed. Vouw de donkerblauwe stroken van 5 cm in de breedte dubbel en knip ze in stukken van 5 x 2,5 cm.
3. De plakvolgorde is: 1 groen, 2 lichtblauw smal, 3+4 lichtblauw breed, 5+5 donkerblauw.
4. Dek af met blauwgroen.

Instructions

1. *Cut a square (8 x 8 cm) out of the white card.*
2. *Fold the following triangles: 4 green, 4 pale blue (2.5 cm) and 4 pale blue (3 cm). Fold the 5 cm dark blue strips double widthways and cut them into pieces which measure 5 x 2.5 cm.*
3. *Stick the green triangles on section 1, the narrow pale blue triangles on section 2, the wide pale blue triangles on section 3+4 and the dark blue triangles on section 5+5.*
4. *Cover it with the blue green paper.*

Blauw met oranje
Blue with orange

Benodigdheden
Karton 13 x 26 cm koningsblauw P136 en 11 x 11 cm
perzikroze gewolkt P54 • Patroon 5 (blz. 32) • Stroken
papier met breedte: 2 cm mango (13004) en 3 cm oranje
(11008), enveloppenpapier 2,5 cm en 5 cm blauw-met-
krasje (cps) en 2,5 cm donkerblauw • 3,5 x 3,5 cm
gevlamd oranje (12031)

What you need
*Card: royal blue P136 (13 x 26 cm) and moiré paper P54
(11 x 11 cm) • Pattern 5 (page 32) • Strips of paper: 2 cm
mango (13004), 3 cm orange (11008), 2.5 cm and 5 cm
blue with scratches and 2.5 cm dark blue • Orange flamed
paper (12031) (3.5 x 3.5 cm)*

Werkwijze
1. Snijd 8 x 8 cm uit de kleinste kaart.
2. Vorm de driehoeken: 4x mango, 4x oranje, 4x blauw-met-
   krasje smal, 4x hele en 4x halve donkerblauw. Vouw de
   stroken blauw-met-krasje van 5 cm in de breedte dubbel
   en knip ze in stukken van 5 x 2,5 cm.
3. De plakvolgorde is: 1 mango, 2 oranje, 3 blauw-met-
   krasje, 4 hele donkerblauw, 5+5 blauw-met-krasje,
   6 halve donkerblauw.
4. Dek af met gevlamd oranje.

Instructions
1. *Cut a square (8 x 8 cm) out of the smallest card.*
2. *Fold the following triangles: 4 mango, 4 orange,
   4 blue with scratches (2.5 cm), 4 whole dark blue and
   4 half dark blue. Fold the 5 cm blue with scratches strips
   double widthways and cut them into pieces which
   measure 5 x 2.5 cm.*
3. *Stick the mango triangles on section 1, the orange
   triangles on section 2, the blue with scratches triangles
   on section 3, the whole dark blue triangles on section 4,
   the blue with scratches triangles on section 5+5 and the
   half dark blue triangles on section 6.*
4. *Cover it with the orange flamed paper.*

Lime *Lime*

Werkwijze

1. Snijd van de hoeken van het vel origami met streep 4,3 x 4,3 x 6,2 cm af. Snijd een cirkel Ø 6 cm uit de witte kaart.
2. Vorm de driehoeken: 4x groen, 4x lime, 4x metallic groen.
3. De plakvolgorde is 1+2+3 groen, 4+5 lime, 6 metallic groen.
4. Dek af met het holografisch papier.

Instructions

1. *Cut off the corners of the striped origami paper (4.3 x 4.3 x 6.2 cm). Cut a circle (Ø 6 cm) out of the white card.*
2. *Fold the following triangles: 4 green, 4 lime and 4 metallic green.*
3. *Stick the green triangles on section 1+2+3, the lime triangles on section 4+5 and the metallic green triangles on section 6.*
4. *Cover it with the holographic paper.*

Patroon 6
Pattern 6

Benodigdheden
Karton 14,8 x 21 cm lentegroen cA305 en 9 x 9,5 cm wit
• Origamipapier 14,8 x 10,5 cm groengele streep (12014)
• Patroon 6 • Stroken met breedte: 2 cm groen (13004), 2,5 cm lime (envelop CFI), 2,5 cm metallic groen
• 5 x 5 cm holografisch papier groen

What you need
Card: spring green cA305 (14.8 x 21 cm) and white (9 x 9.5 cm) • Green and yellow striped origami paper (12014) (14.8 x 10.5 cm) • Pattern 6 • Strips of paper: 2 cm green (13004), 2.5 cm lime and 2.5 cm metallic green • Green holographic paper (5 x 5 cm)

Bordeaux
Burgundy

Benodigdheden

Karton 14,8 x 21 cm donkerrood cA519, 13 x 9,8 cm lentegroen Po8 en 11,5 x 9,8 cm wijnrood P36 • Origamipapier 9 x
9 cm bloemen (13038) • Patroon 6 • Stroken met breedte:
1,5 cm en 2,5 cm groen (12031), 2 cm lichtgroen (envelop
RPMS), 2 cm IVpapier rozerood, 2,5 cm IVpapier bordeaux
• 3,5 x 3,5 cm holografisch papier donkerroze

What you need

*Card: dark red cA519 (14.8 x 21 cm), spring green Po8 (13 x
9.8 cm) and wine red P36 (11.5 x 9.8 cm) • Flower origami
paper (13038) (9 x 9 cm) • Pattern 6 • Strips of paper: 1.5 cm
and 2.5 cm green (12031), 2 cm pale green, 2 cm carnation
red IF paper, 2.5 cm burgundy IF paper • Dark pink holographic paper (3.5 x 3.5 cm)*

Werkwijze

1. Snijd een cirkel Ø 7 cm uit het gebloemde papier. Snijd
   een cirkel Ø 6 cm uit de wijnrode kaart.
2. Vorm de driehoeken: 4x groen smal, 4x groen breed, 4x
   lichtgroen, 4x rozerood, 4x bordeaux.
3. De plakvolgorde is: 1 groen smal, 4 rozerood, 2+3 lichtgroen, 5+6 bordeaux, 7 groen breed.
4. Dek af met het holografisch papier.

Instructions

1. *Cut a circle (Ø 7 cm) out of the flower paper. Cut a circle
   (Ø 6 cm) out of the wine red card.*
2. *Fold the following triangles: 4 green (1.5 cm), 4 green
   (2.5 cm), 4 pale green, 4 carnation red and 4 burgundy.*
3. *Stick the narrow green triangles on section 1, the
   carnation red triangles on section 4, the pale green
   triangles on section 2+3, the burgundy triangles on
   section 5+6 and the wide green triangles on section 7.*
4. *Cover it with the holographic paper.*

Turkoois en lila *Turquoise and lilac*

Turkoois *Turquoise*

Benodigdheden

Karton 14,8 x 21 cm lichtturkoois, 13,5 x 9 cm turkoois P32
en 13 x 8,5 cm wit • Patroon 7 • Stroken papier met breedte:
3 cm metallic turkoois, 2,5 cm turkoois (13032), IVpapier
aqua 2,5 cm wolkjes en 2,5 cm muizen • 2x afdekpapier
7 x 2 cm metallic turkoois • Multihoekpons

What you need

*Card: pale turquoise (14.8 x 21 cm), turquoise P32 (13.5 x
9 cm) and white (13 x 8.5 cm) • Pattern 7 • Strips of paper:
3 cm metallic turquoise, 2.5 cm turquoise (13032), 2.5 cm
aqua cloud IF paper and 2.5 cm mice IF paper • 2x metallic
turquoise covering sheet (7 x 2 cm) • Multi corner punch*

Werkwijze

1. Pons twee hoeken en snijd de driehoeken uit de kleinste
   kaart met 1 cm tussenruimte en de punten 1 cm van de
   kaartrand.
2. Vorm de driehoeken: 2x metallic turkoois, 6x turkoois,
   6x wolkjes en 6x muizen.
3. De plakvolgorde is: 1 metallic turkoois, 2 turkoois,
   3 wolkjes, 4 muizen.
4. Dek af met metallic turkoois.

Instructions

1. *Punch the two corners and cut the triangles out of the
   smallest card with 1 cm between them and the points
   1 cm from the edge of the card.*
2. *Fold the following triangles: 2 metallic turquoise,
   6 turquoise, 6 clouds and 6 mice.*
3. *Stick the metallic turquoise triangles on section 1,
   the turquoise triangles on section 2, the cloud triangles
   on section 3 and the mice triangles on section 4.*
4. *Cover it with the metallic turquoise paper.*

Roze *Pink*

Werkwijze

1. Snijd twee driehoeken precies onder elkaar uit de kleinste kaart met 1,2 cm tussenruimte. Snijd 2,1 x 1,2 cm van twee kaarthoeken.
2. Vorm de driehoeken: 2x lichtroze, 6x bloem, 6x donkerroze, 6x metallic roze.
3. De plakvolgorde is: 1 lichtroze, 2 bloem, 3 donkerroze, 4 metallic roze.
4. Dek af met lichtroze.

Instructions

1. *Cut two triangles, one exactly under the other, out of the smallest card with 1.2 cm between them. Cut the corners of the card off (2.1 x 1.2 cm).*
2. *Fold the following triangles: 2 pale pink, 6 flower, 6 dark pink and 6 metallic pink.*
3. *Stick the pale pink triangles on section 1, the flower triangles on section 2, the dark pink triangles on section 3 and the metallic pink triangles on section 4.*
4. *Cover it with the pale pink paper.*

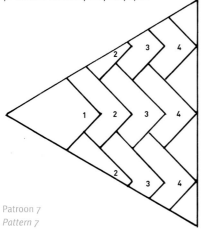

Patroon 7
Pattern 7

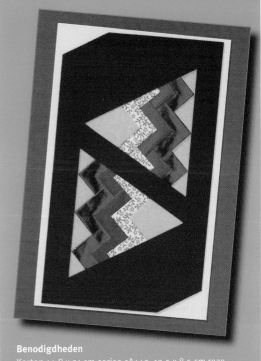

Benodigdheden
Karton 14,8 x 21 cm cerise cA440, 13,5 x 8,5 cm roze cA481 en 13 x 7,7 cm purper P13 • Patroon 7 • Stroken papier met breedte: 3 cm lichtroze (11008), 2,5 cm bloem (13038), 2,5 cm donkerroze, 2,5 cm metallic roze • 2x afdekpapier 7 x 2 cm lichtroze (11008)

What you need
Card: cerise cA440 (14.8 x 21 cm), pink cA481 (13.5 x 8.5 cm) and mauve P13 (13 x 7.7 cm) • Pattern 7 • Strips of paper: 3 cm pale pink (11008), 2.5 cm flower (13038), 2.5 cm dark pink and 2.5 cm metallic pink • 2x pale pink (7 x 2 cm) (11008) covering sheet

Mango *Mango*

Benodigdheden

Karton 13 x 26 cm zonnebloem P134, 11,5 x 11,5 cm
oranje cA545 en wit 11 x 11 cm wit • Patroon 8 •
Stroken papier met breedte: 1,5 cm mango (13045),
1,5 cm rood (11008), 3 cm oranje en 3 cm donkerrood
(13032), 3 cm geel (11008) • twee stukjes van
7 x 3,5 cm mango en idem van rood • 4 x 4 cm geel

What you need

*Card: sunflower P134 (13 x 26 cm), orange cA545
(11.5 x 11.5 cm) and white (11 x 11 cm) • Pattern 8
• Strips of paper: 1.5 cm mango (13045), 1.5 cm red
(11008), 3 cm orange, 3 cm dark red (13032) and 3 cm
yellow (11008) • Two pieces of mango paper (7 x
3.5 cm) and two pieces of red paper (7 x 3.5 cm)
• Yellow paper (4 x 4 cm)*

Werkwijze

1. Snijd 8 x 8 cm uit de witte kaart.
2. Vorm de driehoeken: 4x mango smal, 4x rood smal,
   4x geel, 2x oranje, 2x donkerrood. Vouw de stukjes
   mango en rood papier van 7 x 3,5 cm dubbel tot
   3,5 x 3,5 cm.
3. De plakvolgorde is 1a rood, 1b mango, 2a en 2b geel,
   3a oranje, 3b donkerrood, 4+5 dubbel stuk mango,
   6+7 dubbel stuk rood.
4. Dek af met 4 x 4 cm geel papier.

Instructions

1. *Cut a square (8 x 8 cm) out of the white card.*
2. *Fold the following triangles: 4 narrow mango, 4 narrow
   red, 4 yellow, 2 orange and 2 dark red. Fold the pieces of
   mango and red paper (7 x 3.5 cm) double so that they
   measure 3.5 x 3.5 cm.*
3. *Stick the red triangles on section 1a, the mango triangles
   on section 1b, the yellow triangles on sections 2a and 2b,
   the orange triangles on section 3a, the dark red triangles
   on section 3b, the piece of mango paper on section 4+5
   and the piece of red paper on section 6+7.*
4. *Cover it with the yellow paper (4 x 4 cm).*

Lila *Lilac*

Benodigdheden

Karton 13 x 26 cm braam P185 en 11,5 x 11,5 cm wit • Patroon 8 • Stroken papier met breedte: 1,5 cm en 3 cm lila, 2,5 cm en 3,5 cm roze, 2,5 cm en 3,5 cm paars (allemaal 11008) • 4 x 4 cm lila

What you need

Card: blackberry P185 (13 x 26 cm) and white (11.5 x 11.5 cm) • Pattern 8 • Strips of paper: 1.5 cm and 3 cm lilac, 2.5 cm and 3.5 cm pink and 2.5 cm and 3.5 cm purple (all 11008) • Lilac paper (4 x 4 cm)

Patroon 8 *Pattern 8*

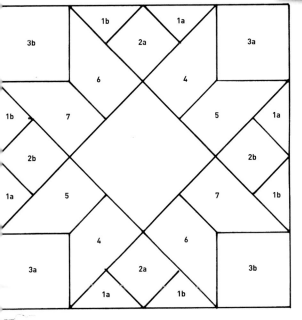

Werkwijze

1. Snijd 8 x 8 cm uit de witte kaart.
2. Vorm de driehoeken: 8x lila smal, 4x lila breed, 2x roze smal, 4x roze breed, 2x paars smal, 4x paars breed.
3. De plakvolgorde is: 1a en 1b lila smal, 3a en 3b lila breed, 2a paars smal, 2b roze smal, 4 en 6 paars breed, 5 en 7 roze breed.
4. Dek af met lila papier.

Instructions

1. *Cut a square (8 x 8 cm) out of the white card.*
2. *Fold the following triangles: 8 lilac (1.5 cm), 4 lilac (3 cm), 2 pink (2.5 cm), 4 pink (3.5 cm), 2 purple (2.5 cm) and 4 purple (3.5 cm).*
3. *Stick the lilac triangles on sections 1a and 1b (1.5 cm), 3a and 3b (3 cm), the purple triangles on section 2a (2.5 cm), the pink triangles on section 2b (2.5 cm), the purple triangles on sections 4 and 6 (3.5 cm) and the pink triangles on sections 5 and 7 (3.5 cm).*
4. *Cover it with the lilac paper.*

Groen en zalmroze
Green and salmon pink

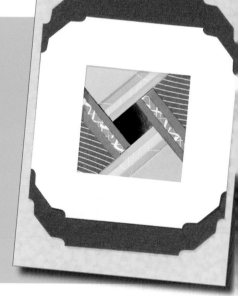

Limoengroen *Lime green*

Benodigdheden

Karton 14,8 x 21 cm limoengroen P188, 12 x 9,5 cm kerstgroen P18,
9,5 x 9,5 cm wit, 2 x 2 cm spiegelpapier groen P126 • Patroon 9
• Stroken papier met breedte: 2 cm groen met streep en olijfgroen,
2,5 cm grijsgroen en appelgroen met lijntje, 3 cm groen met krasjes,
geelgroen, licht appelgroen en donkergroen (enveloppen Levob,
RPMS, W.&D., ANOZ, Achmea, CFI, Aob, Heineken) • Hoekschaar
Contemporary

What you need

*Card: lime green P188 (14.8 x 21 cm), Christmas green P18 (12 x
9.5 cm), white (9.5 x 9.5 cm) and green mirrored paper P126 (2 x
2 cm) • Pattern 9 • Strips of paper: 2 cm green with stripe, 2 cm olive
green, 2.5 cm grey green, 2.5 cm apple green with a line, 3 cm green
with scratches, 3 cm yellow green, 3 cm apple green and 3 cm dark
green • Corner scissors: Contemporary*

Werkwijze

1. Knip de hoeken van de groene en de witte kaart en snijd
   uit de laatste 5 x 5 cm.
2. Vorm van elke kleur twee driehoeken.
3. De plakvolgorde is: 1a olijfgroen, 1b groen met streep,
   2a appelgroen met lijntje, 2b grijsgroen, 3a geelgroen,
   3b groen met krasjes, 4a licht appelgroen, 4b donkergroen.
4. Dek af met het spiegelpapier.

Instructions

1. *Cut the corners of the green and white cards and cut a
   square (5 x 5 cm) out of the white card.*
2. *Fold two triangles of each colour.*
3. *Stick the olive green triangles on section 1a, the green
   with stripe triangles on section 1b, the apple green with a
   line triangles on section 2a, the grey green triangles on
   section 2b, the yellow green triangles on section 3a, the
   green with scratches triangles on section 3b, the light
   apple green triangles on section 4a and the dark green
   triangles on section 4b.*
4. *Cover it with the mirrored paper.*

Warmoranje *Warm orange*

Werkwijze

1. Snijd diagonaal 5 x 5 cm uit de witte kaart.
2. Vorm van elke kleur 4 driehoeken.
3. De plakvolgorde is: 1a en 1b oranje, 2a en 2b jeansrood, 3a en 3b mango en 4a en 4b bloem.
4. Dek af met het spiegelpapier.

Instructions

1. *Cut a square standing on a corner (5 x 5 cm) out of the white card.*
2. *Fold four triangles of each colour.*
3. *Stick the orange triangles on sections 1a and 1b, the denim red triangles on sections 2a and 2b, the mango triangles on sections 3a and 3b and the flower triangles on sections 4a and 4b.*
4. *Cover it with the mirrored paper.*

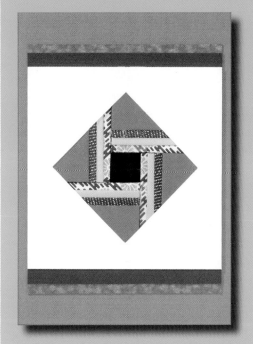

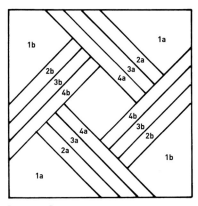

Patroon 9 *Pattern 9*

Benodigdheden
Karton 14,8 x 21 cm oranje cA545, 3 x 9,3 cm helsteen-rood C505, 12 x 9,5 cm roest P186, 9,5 x 9,5 cm wit, 2 x 2 cm spiegelpapier brons P127 • Patroon 9 • Stroken papier met breedte: 2 cm oranje (11008), 2,5 cm jeans-rood (12054), 3 cm mango (13045) en bloem (12073)

What you need
Card: orange cA545 (14.8 x 21 cm), bright brick red C505 (13 x 9.5 cm), rust P186 (12 x 9.5 cm), white (9.5 x 9.5 cm) and bronze mirrored paper P127 (2 x 2 cm) • Pattern 9 • Strips of paper: 2 cm orange (11008), 2.5 cm denim red (12054) and 3 cm mango (13045) and flower (12073)

Zalm *Salmon*

Werkwijze

1. Snijd 6 x 6 cm uit de lichtblauwe kaart.
2. Vorm de driehoeken: 4x streep smal, 2x streep breed, 4x blauw smal, 2x blauw breed.
3. De plakvolgorde is: 1a en 1b donkerblauw smal, 2a en 2b streep smal, 3a+3b streep breed, 4a+4b donkerblauw breed.

Instructions

1. *Cut a square (6 x 6 cm) out of the pale blue card.*
2. *Fold the following triangles: 4 salmon pink striped (2 cm), 2 salmon pink striped (3.5 cm), 4 dark blue (2 cm) and 2 dark blue (3.5 cm).*
3. *Stick the dark blue triangles (2 cm) on sections 1a and 1b, the striped triangles (2 cm) on sections 2a and 2b, the striped triangles (3.5 cm) on sections 3a+3b and the dark blue triangles (3.5 cm) on sections 4a+4b.*

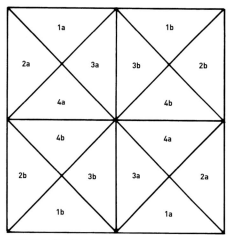

Patroon 10 *Pattern 10*

Benodigdheden

Karton 14,8 x 21 cm roze P15, 12 x 10 cm blauw en 13,5 x 9 cm lichtblauw • Patroon 10 • Stroken papier met breedte: 2 cm en 3,5 cm zalmroze streep (13039), 2 cm en 3,5 cm donkerblauw (13032)

What you need

Card: pink P15 (14.8 x 21 cm), blue (12 x 10 cm) and pale blue (13.5x 9 cm) • Pattern 10 • Strips of paper: 2 cm and 3.5 cm salmon pink striped (13039), 2 cm and 3.5 cm dark blue (13032)

Petrol *Petrol*

Benodigdheden

Karton 13 x 26 cm kerstgroen P18, 11 x 11 cm wit
• 12 x 3 cm blauw papier(13004) • Patroon 10 • Stroken
papier met breedte: 2 cm blauw (13004), 2,5 cm bloem
(13035), 4,5 cm donkergroen (11025) • Hoekschaar
Contemporary

What you need

*Card: Christmas green P18 (13 x 26 cm) and white
(11 x 11 cm) • Blue paper (13004) (12 x 3 cm) • Pattern
10 • Strips of paper: 2 cm blue (13004), 2,5 cm flower
(13035) and 4,5 cm dark green (11025) • Corner
scissors: Contemporary*

Werkwijze

1. Knip de hoeken en snijd 6 x 6 cm diagonaal uit
   de witte kaart.
2. Vorm de driehoeken: 4x blauw, 4x halve met
   plakrandje bloem, 4x groen. Het extra plakrandje aan de halve driehoeken bloem is nodig
   voor het vastplakken op de blauwe driehoeken.
3. De plakvolgorde is: 1a en 2b blauw, 3a en 4b halve
   bloem, 2a+4a en 1b+3b groen.

Instructions

1. *Cut the corners and cut a square standing on a corner
   (6 x 6 cm) out of the white card.*
2. *Fold the following triangles: 4 blue, 4 half flower with
   a glue strip and 4 green. The extra glue strip on the half
   flower triangles is necessary for sticking them to the blue
   triangles.*
3. *Stick the blue triangles on sections 1a and 2b, the half
   flower triangles on sections 3a and 4b and the green
   triangles on sections 2a+4a and sections 1b+3b.*

Rood en mango *Red and mango*

Groen *Green*

Benodigdheden

Karton 14,8 x 21 cm grasgroen P07, 12 x 9 cm wit; 14,5 x
10,3 cm vellum Paisley lime • Patroon 11 • Stroken papier
met breedte: 2,5 cm en 3,5 cm donkergroen (13032), 1,5 cm
en 2 cm appelgroen (envelop Aob), 3,5 cm groene bolletjes
(envelop InHolland)

What you need

*Card: grass green P07 (14.8 x 21 cm), white (12 x 9 cm) and
Paisley lime vellum (14.5 x 10.3 cm) • Pattern 11 • Strips of
paper: 2.5 cm and 3.5 cm dark green (13032), 1.5 cm and
2 cm apple green and 3.5 cm green circles*

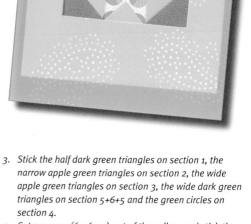

Werkwijze

1. Snijd 6 x 6 cm uit de witte kaart.
2. Vorm de driehoeken: 4x appelgroen smal en 4x breed,
   4x halve donkergroen smal en 2x hele breed, 2x bolletjes.
3. De plakvolgorde is: 1 halve donkergroen, 2 appelgroen
   smal, 3 appelgroen breed, 5+6+5 donkergroen breed,
   4 bolletjes.
4. Snijd 6 x 6 cm uit het vellum en plak vast op de witte
   kaart.

Instructions

1. *Cut a square (6 x 6 cm) out of the white card.*
2. *Fold the following triangles: 4 apple green (1.5 cm),
   4 apple green (2 cm), 4 half dark green (2.5 cm),
   2 dark green (3.5 cm) and 2 green circles.*
3. *Stick the half dark green triangles on section 1, the
   narrow apple green triangles on section 2, the wide
   apple green triangles on section 3, the wide dark green
   triangles on section 5+6+5 and the green circles on
   section 4.*
4. *Cut a square (6 x 6 cm) out of the vellum and stick the
   vellum on the white card.*

Rood *Red*

Benodigdheden

Karton 14,8 x 21 cm helsteenrood C505, 12 x 9 cm wit
• Patroon 11 • Stroken papier met breedte: 1,5 cm en 2,5 cm
oranje (13039), 1,5 cm, 2 cm en 3,5 cm bloem (13038)
• 5 x 3 cm rozerood (13038)

What you need

*Card: bright brick red C505 (14.8 x 21 cm) and white (12 x
9 cm) • Pattern 11 • Strips of paper: 1.5 cm and 2.5 cm
orange (13039), and 1.5 cm, 2 cm and 3.5 cm flower (13038)
• Carnation red paper (13038) (5 x 3 cm)*

Werkwijze

1. Snijd 6 x 6 cm uit de witte kaart.
2. Vorm de driehoeken: 4x oranje smal en 4x halve oranje
   breed, 4x bloem smal, 4x bloem middel, 2x bloem breed.

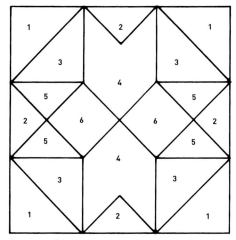

Patroon 11 *Pattern 11*

3. De plakvolgorde is: 1 halve oranje breed, 2 oranje smal,
   3 bloem middel, 4 bloem breed, 5 bloem smal.
4. Dek af met het stuk rozerood papier. Versier met twee-
   maal 0,4 x 6 cm oranje papier.

Instructions

1. *Cut a square (6 x 6 cm) out of the white card.*
2. *Fold the following triangles: 4 orange (1.5 cm), 4 half
   orange (2.5 cm), 4 flower (1.5 cm), 4 flower (2 cm) and
   2 flower (3.5 cm).*
3. *Stick the half, wide orange triangles on section 1, the
   narrow orange triangles on section 2, the medium-sized
   flower triangles on section 3, the wide flower triangles on
   section 4 and the narrow flower triangles on section 5.*
4. *Cover it with the carnation red paper. Decorate it with
   two pieces of orange paper (0.4 x 6 cm).*

Mango met groen
Mango with green

Werkwijze
1. Snijd 6 x 6 cm uit de witte kaart.
2. Vorm de driehoeken: 4x halve mango, 4x groen smal, 4x groen breed, 4x bloem.
3. De plakvolgorde is: 1 halve mango, 2 groen smal, 3+4 bloem, 5+6+5 groen breed.

Instructions
1. *Cut a square (6 x 6 cm) out of the white card.*
2. *Fold the following triangles: 4 half mango, 4 green (2 cm), 4 green (2.5 cm) and 4 flower.*
3. *Stick the half mango triangles on section 1, the narrow green triangles on section 2, the flower triangles on section 3+4 and the wide green triangles on section 5+6+5.*

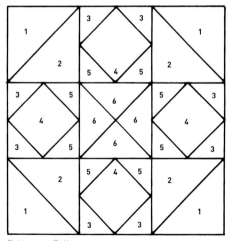

Patroon 12 *Pattern 12*

Benodigdheden
Karton 14,8 x 21 cm biljartgroen C575, 14,8 x 9 cm zalm C384, 12 x 9 cm wit • Patroon 12 • Stroken papier met breedte: 2,5 cm mango (13045), 2 cm en 2,5 cm groen (13004), 2,5 cm bloem (12073)

What you need
Card: billiard green C575 (14.8 x 21 cm), salmon C384 (14.8 x 9 cm) and white (12 x 9 cm) • Pattern 12 • Strips of paper: 2.5 cm mango (13045), 2 cm and 2.5 cm green (13004) and 2.5 cm flower (12073)

Mango met blauw
Mango with blue

Werkwijze
1. Snijd 6 x 6 cm uit de kleinste kaart.
2. Vorm de driehoeken: 8x halve blauw smal,
   4x halve blauw breed, 4x mango, 4x ster.
   Vouw het stuk mango papier van 12 x 3 cm
   dubbel tot 12 x 1,5 en knip dat in vier strookjes
   van 3 x 1,5 cm.
3. De plakvolgorde is: 1 halve blauw breed, 2 ster,
   3 halve blauw smal, 4 mango, 5+5 mango
   strookjes van 3 x 1,5 cm.
4. Dek af met een ster.

Instructions
1. *Cut a square (6 x 6 cm) out of the smallest card.*
2. *Fold the following triangles: 8 half blue (1.5 cm),
   4 half blue (2.5 cm), 4 mango and 4 star. Fold the
   piece of mango paper (12 x 3 cm) double so it
   measures 12 x 1.5 cm and cut it into four strips
   measuring 3 x 1.5 cm.*
3. *Stick the half, wide blue triangles on section 1, the
   star triangles on section 2, the half, narrow blue triangles
   on section 3, the mango triangles on section 4 and the
   mango strips (3 x 1.5 cm) on section 5+5.*
4. *Cover it with the paper with a star.*

Benodigdheden
Karton 13 x 26 cm en 9 x 9 cm naturel cA211, 10 x 10 cm
donkerblauw P06, 9,5 x 9,5 cm oker cA575 • Patroon 12
• Stroken papier met breedte: 1,5 cm en 2,5 cm blauw
(13004), 2,5 cm mango (13045), 2 cm designpapier met
ster (13 cp 358 bij D) • 12 x 3 cm mango • 3 x 3 cm papier
met ster

What you need
*Card: natural cA211 (13 x 26 cm and 9 x 9 cm), dark blue
P06 (10 x 10 cm) and ochre cA575 (9.5 x 9.5 cm) •
Pattern 12 • Strips of paper: 1.5 cm and 2.5 cm blue
(13004), 2.5 cm mango (13045) and 2 cm pattern paper
with stars (13 cp 358 from Damen) • Mango paper
(12 x 3 cm) • Paper with a star (3 x 3 cm)*

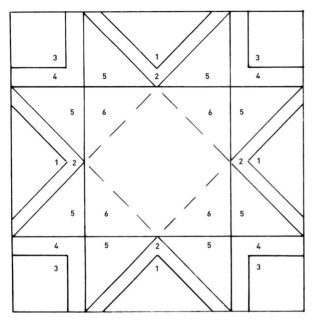

Patroon 5 *(blz. 17), Pattern 5 (page 17)*

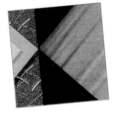

Met dank aan:
• Kars & Co B.V. te Ochten
• Pergamano International te Uithoorn
• Ori-Expres te Reusel

De gebruikte materialen zijn door winkeliers te bestellen bij:
• Kars & Co B.V. te Ochten, www.kars.biz
• Papicolor International te Utrecht

Het gebruikte papier is ook voor particulieren te koop bij:
• www.pergamanoshop.nl
• Ori-Expres te Reusel, www.ori-expres.nl

Many thanks to
• *Kars & Co BV in Ochten,*
  the Netherlands.
• *Pergamano International in Uithoorn,*
  the Netherlands
• *Ori-Expres in Reusel, the Netherlands*

The materials used can be ordered by shopkeepers from:
• *Kars & Co BV in Ochten,*
  the Netherlands (www.kars.biz)
• *Papicolor International in Utrecht,*
  the Netherlands.

Card-makers can purchase the paper from:
• *www.pergamanoshop.nl*
• *Ori-Expres in Reusel, the Netherlands*
  (www.ori-expres.nl)